꽃 사랑탑 Ⅲ

오재길 시집

꽃사랑탑 Ⅲ

문경출판사

시인의 말

내 시를 읽고
조금이나마 세상이 맑아지길 바란다.
고요한 새벽에 아침을 깨우는
새소리 마냥 세상을 깨웠으면 한다.
그렇지 않으면
아련히 여기서 죽음을 택하겠노라
이런 비장한 각오로 세상에 시집을 또 한 번 내보낸다.
『꽃 사랑탑Ⅱ』에서 보내주신 열화와 같은 은혜에 힘입어 『꽃 사랑탑Ⅲ』을 출간하였다 이 시집을 읽고 조금이나마 세상이 사랑으로 가득 찼으면 한다.

『꽃 사랑탑Ⅲ』는 2년 전에 편집을 끝내고 출판비가 없어 세상에 나오지 못했는데 "한국 예술인 복지재단"에서 후원을 해주셔서 출간하게 되었다. 무한 감사드린다.

내 시가 어떤 이의 삶에 위안이 된다면 나 시 쓰는 것을 포기하지 않으리라 끝까지 독자와 함께 하리라.

끝으로 삶에 희망을 주신 문경출판사 강신용사장님께 감사드린다.

2025. 6. 1
황새울에서
오 재 길

차례

■ 시인의 말 · 9

제1부

17 · 님은 1
18 · 님은 2
19 · 정情
20 · 길
21 · 만남
22 · 사랑노래
23 · 천하사天下事
24 · 님
25 · 외출
26 · 보금자리
27 · 나의 사람아
28 · 가을비
29 · 눈꽃
30 · 여름날
31 · 세상은
32 · 어떤 여인
33 · 옛정
34 · 상처
35 · 축원
36 · 여인 1
37 · 여인 2

38 · 천생연분
39 · 사랑이여 영원하거라

43 · 꽃 1
44 · 꽃 2
45 · 꽃 3
46 · 꽃 4
47 · 꽃 5
48 · 꽃 6
49 · 꽃 7
50 · 꽃 8
51 · 꽃 9
52 · 꽃 10
53 · 꽃 11
54 · 꽃 12
55 · 꽃 13
56 · 꽃 14
57 · 꽃 15
58 · 꽃 16
59 · 꽃 17
60 · 꽃 18
61 · 꽃 19
62 · 꽃 20

 **제3부**

65 · 꽃 사랑탑 1
66 · 꽃 사랑탑 2
67 · 사랑 1
68 · 사랑 2
69 · 사랑 3
70 · 사랑 4
71 · 사랑 5
72 · 사랑 6
73 · 사랑 7
74 · 사랑 8
75 · 사랑 9
76 · 사랑 10
77 · 사랑 11
78 · 사랑 12
79 · 사랑 13
80 · 사랑 14
81 · 사랑 15
82 · 사랑 16
83 · 사랑 17
84 · 사랑 18

제4부

87 · 사랑하였기에 1
88 · 사랑하였기에 2
89 · 사랑이다
92 · 꽃샘추위 1
93 · 꽃샘추위 2
94 · 흔적
95 · 행복 1
96 · 행복 2
97 · 고개를 숙이면
98 · 서운한 듯
99 · 낙화 1
100 · 낙화 2
101 · 낙화 3
102 · 님이여
103 · 순리
104 · 홍시
105 · 인생길
106 · 숙명 1
107 · 숙명 2
108 · 가지치기
109 · 꽃그늘 아래서

제5부

113 · 천심天心
114 · 복 주머니
115 · 이런 사랑이 또 어디에 있을까
116 · 그대 사랑하는 건
117 · 생각
118 · 동반자
119 · 옛 사랑
120 · 소원
121 · 세월
122 · 기다림
123 · 멀어져간 여인
124 · 그리움
125 · 너에게
126 · 그 사람
127 · 하얀 미소
128 · 구름과 바람
129 · 그때 그 시절
130 · 삶 1
131 · 삶 2
132 · 삶 3
133 · 화복
134 · 비가 내린다

제1부

님은 1

님은 벗이 없나니
홀로 존재하기 때문이라
친구는
우주에 반짝이는 별이요
산천초목뿐이나니
외로워하지 않는 이라

다행한 것은
사랑하는 님이 있다는 것
사랑하나 가지고 즐거움 함께 하니라

생각 속에 울음이 남은
애처로운 심경 때문이요
생각 속에 웃는 것은
아이들의 노래 소리려니
언제나 님은 즐거움 속에서 사노라.

님은 2

님은 숨어서 일을 도모하나니
말이 없고 행동으로 보이느니라

님은 때가 되면 나타나나니
모든 이가 반겨하니라

님은 우주가 돌아가는 이치를 아노니
모든 것을 그 안에서 조종하리로다.

님은 사랑의 화신이니
곁에 가면 모두가 평온을 얻으리라

님은 어린이 마음을 갖았느니
언제나 웃으며 사느니라

님은 갈대와 같나니
밤에 빛을 발 하느니라

님은 걱정이 많나니
모두가 잘 되길 바래서니라

정情

새 봄의 정이란
아름다움 그 자체다
새 봄의 정이란
푸른 풀잎의 사랑이다
새 봄의 정이란
꽃이 피고 새가 운다
새 봄의 정이란
향기를 뿜으며 온다
새 봄의 정이란
훈풍의 바람타고 온다
새 봄의 정이란
이곳저곳에서 온다
새 봄의 정이란
봄처녀의 옷자락에서 온다
새 봄의 정이란
이산 저산 꽃을 피우며 온다
새 봄의 정이란
끊으려야 끊을 수 없는 우리사랑이다
새 봄의 정이란
따스한 볕 받고 피는 꽃이다

새 봄의 정이란

길

꽃이 지기로서니 세월을 한하랴
우리 청춘 흘러감 세월을 원망하랴
흐르는 세월 속에
모든 건 죽어가는 것
우리의 미래는 어찌 되는가

꽃은 져서 열매를 맺히는데
우리의 열매는 사랑이런가
죽어서도 같이 할 사랑
나 너 때문에 살거니
꽃이 피면 아름답게 살다가
신이 부르면 떠나면 되리라

꽃이 피는 계절 앞에
우뚝 거니 서서 내일을 생각한다
문득 나는 어디서 와서
어디로 가는 가
꽃은 내 길을 알리라

만남

애인 만나는 것 보다
어찌 꽃을 대하는 것이
즐거우리요

애인 만남이
하루 일과 중에
가장 아름다운 시간이다.

같이 걸어가 꽃도 만져보고
제일 먼저 핀 꽃에 향기도 맡아 본다

꽃은 피웠다 쉬 지지만
우리 사랑은 영원하니
이 보다 큰 사랑이 어디 있으리요

어려운 처지에서
어렵게 만나는 우리
눈물 나는 만남은 계속되리라

사랑노래

뻐꾸기님을 만난 듯 조용해 졌다
님을 만나면 조용해지는가
님을 찾는 사람들이 거리에 난무하다
나 님을 만나 조용히 하루를 시작한다

뻐꾸기 노래 한동안 잠잠하다
아마도 님과 사랑하나 보다
너무 빨리 만났기에
정이 깊은 것인가

소쩍새 소리 사라지고
개구리 노래 없어지고
뻐꾸기 울음 그친 지금
가까이서 장미만이
향기 뿜으며 님을 부르고 있다

천하사天下事

반백이 되어
천하사 이룩하고
이젠
애인 더불어 행복을 찾네

잘려나가는 잡초처럼 살지만
내 꿈 간직하고
살아가노니
무엇이 아쉬우리

할 일이 많은 아이
천상에서 나를 부르시면
모든 것 훌훌 벗고
명에 따라 살아 가오리

육신이 무거우나
육신이 거추장스러워
목숨 버릴까 하다가
애인 있어 목숨하나 아끼노라

님

먼 곳에서 님이 오신다기에
목욕 재개하고 기다리니
까치가 먼저 알고 노래 부르네

먼 곳에 님이 있어 즐거운 날
언젠가는 만날 생각하니
기쁘기 한량없어라

시계가 가듯 세월은 흐르고
그리운 님 만날 날
가까이 오니 마음 한량없이 기뻐라

얼마나 변하여 올까요
얼마나 넓은 마음으로 올까요
못내 서럽던 한을 풀어나 보자고요

외출

변신을 하기 위해
꽃은 피듯이
내일의 화려한 외출을 위해
옷을 빨았다

꽃만큼이야 화들짝 피겠소만
너를 만나기 위해
오늘 옷단장 하여본다

우리에 외출에도
푸르름이 묻어나길 바라고
꽃처럼 웃는 여유가 있길 바란다

아직은 청춘인 우리
청춘다운 싱싱함으로 자리 잡은 잎사귀
그 속에서 장미 한다발
피어나길 바란다

보금자리

욕심이 없는 나뭇잎 모양
우리 둘 조그만 보금자리 마련하였어라
가진 것 없어도
마음만은 풍성한 까치처럼
서로 만나 한 평생 같이 노래하는
원앙새 되어
오늘도 웃음 띄우네요

비익조처럼
서로 모자란 것 채워주고
바람 불어도 떨어지지 않는
잎사귀 되어 끈질기게 살아가자구요

마음으로 생긴 것 마음으로 다스리고
주위로 생긴 것 서로의 사랑으로 감싸며
잘난 점 서로 칭찬해 주며
한 평생 살아 가옵시다.

나의 사람아

구름 낀 뒤에 햇살 보듯 너를 보리라
지금껏 못 다한 사랑
이생에서 다 베풀고 떠나리라
나의 사람아
줄줄만 알았지 자기 것이 없는 여인아
너를 위해 나 살거니
내세에 다시 만나면 다 풀어 주리라
나의 사람아
조그마한 것에 만족 할 줄 알고
큰 것을 바라지 않는 나의 사람아
작은 희망 서로 부둥켜안고
한세상 살아 가자구나
사랑하는 사람아
슬픔은 지나는 바람에게 주고
기쁨일랑 우리 가슴에 묻고 살아가자구나
서두루지 말고 하나 둘 잎이 피듯
사랑 피우자구나

가을비

조용하기 만한 초가을
비가 내린다
밤에 내리는 가을비
모든 벌레 잠재웠다
지사랑에 떨어지는
빗소리 벗하며 잠이 들었다

새벽녘에 그치고
사랑하는 이와 산책하니
조그만 소나무에 이슬이 맺혀 있고
맑은 아침이 우리를 반긴다

다시 활기를 돼 찾은 가을벌레
이슬 먹고
가을 노래 부른다
우리의 사랑도 하나가 된다

눈꽃

꿈속에서 잠옷입고 찾아온
여인의 옷자락

겨울나무 그리워
벗이 되고 꽃이 되어 버린
한송이 하얀장미

세월 앞서 피는 너는
계절을 잊은
가녀린 봄부림

함박눈이 잊혀진 계절 되살리듯
휘날릴 때
먼 추억으로 달려간 내 사랑

오늘도 내리는 눈이 꽃이 되어
너를 찾음은
전설 같았던 너

여름날

뜨거운 볕 아니면
노래하지 않는 매미
더위를 노래로 삼킨다

따가운 볕 아니면
피지 않는 백일홍
따가움을 꽃으로 화한다

열정이 아니면
웃지 않는 우리 사랑
열정을 갖고 산다

오늘도
뜨거운 볕으로
따가운 볕으로
열정으로 여름날을 보낸다

세상은

세상은 나의 교과서
자연의 흐름 속에 인생무상을 느끼고
사람들 틈바구니에서
인생의 희로애락 맛을 수 있는 것

살폿한 애인만나 정 나누는 곳
뿌듯한 어머니 있어 마음 놓이는 곳
든든한 친구 있어 서로 의지하는 곳

참으로 인생은 살맛나고
참으로 만남은 꿈결 같다
이런 세상에 나 살거니
행복 맘껏 누리며 지낸다

생명이 다하면 울어 줄 애인 있어
그것만으로도 행복하여라
이 세상 이별 하면은
눈물 흘릴 당신이 있기에
"이 세상 헛되지 않았노라" 말하리라

어떤 여인

하도 예뻐
거저 바라만 봐도 좋은
이름 모를 그대

너와 내가 만나기는
내 열정만으로 부족한 당신
그대는 이미 머나먼 세상에서 살기에
거저 말도 못하고
바라볼 뿐입니다

무작정 당신의 미모에 빠져버린 나
다만 먼 곳에 불구경하는 것처럼
당신을 바라볼 뿐입니다

내 곁에 무수한 여인이 있으나
몰래 쳐다보는 당신이기에
아쉬움 뒤로하고
물러설 뿐입니다

옛정

옛정이 두터운 법
새로이 사귄 정은
옛정을 이길 수 없는 것
정은 옛것으로 돌리고
새로운 정에 얽매이는 것

먹장구름 밀려와도
태양이 뜰 때를 기다린다
태양은 나의 옛정
구름이 가려도 새로 돋는 정

강 따라 흘러온 세월
샛길로 사랑이 끼어들어도
너와 나의 길을 막지 못한다
사랑의 바다에 닫기 위해
우리 숨가쁘게 달려간다

상처

내가 만든 상처이기에
아무리 추하여도 추하질 않노라
향기 나는 꽃이어도
내 꽃과 비교하리오
우리 둘 사이엔 사랑과 정이 깊은 것을

너 나만을 사랑하고
나 너만을 간직하는 건
전생에서 만나고
이생에서 사귀이고
내생에서 다시 만날 운명이니
우리 사이에 무슨 허물 있으리오

오늘도 가시 없는 장미를 바라며
너를 그리워하노니
어서 내 곁으로 달려와
내 가슴에 안기거라

축원

무작정 먼지 가득한 책상에 앉았다
떠오르는 건 죽을 만치의 희망
더 오래 사셔야 할 어머니의 목숨
기쁨으로 일터에 가는 애인

무엇인가 하여야 하는
실낱같은 꿈을 간직하며
여기에 서 있는 나

떠오르는 것은 어제를 기억하라는 진리
현재는 현재에 충실하여야 하는데
지금 나는 죽음에 구렁텅이에 빠져있다

이제 나도 모든 것 버리고
애인하나 남겨놓고
어머님의 축원 앞에
내일을 맞이하여야 하리

여인 1

멀리 해야 할 여인
서로의 웃음 또한 거북한 여인
그러나 왠지 가슴 두근거리는 여인

아름답진 않지만
풍기는 모습이 첫사랑을 닮은 여인
신선하지 않지만
새로운 모습으로 나에게 다가온 여인

이젠
잊어야만 될 여인이기에
맺지 못할 여인이기에
생각하면 안 될 여인이기에
눈 딱 감고 그리움을 던지리라

연꽃 같은 여인이기에
합장 배려하는 마음으로
그대를 아주 멀리 보낸다.

여인 2

찬바람으로 지나가는 여인을 보았네
그 앞에서 습관이듯
조용히 찬바람을 당하는 남자
그 둘은
아마도 원수지간이 아닐는지

씩씩 거리고 난 뒤
나한테도 언짢은 투로 대화하는 여인
십년 연상을 사랑한 여자
십년 연하를 타박하는 남자
미운정도 정이라 하지만
그 여인 앞에 그 남자는
미움의 대상

풀리지 않는 인연
인연이라고 말하기에도 어색한 만남
그 둘 사이엔 애정이 꽃피지 못하리
그 둘 사이엔 언제나 찬바람이 부리

천생연분

찬바람 뇌 시원하게 하듯
애인의 웃음소리 상쾌하게 만든다

너 없이는 내 없거늘
꿈에 나타나
단잠 재워주는 그대

매일 만나도 또 보고 싶은 그대
어쩔까나
내 마음은 전부 그대에게 갔네

너 또한 나 없이는 못산다고
푸념을 떠는 것이
우리는 천생연분 아니런가

천연지정으로
오래 오래 살고지고
삼생의 인연으로
변치 말고 살자지고

사랑이여 영원하거라

겨울나무 사이로 떠오르는
태양을 둘이서 마신다
우리 사이 영원하길 빌며
바라보는 태양
"사랑이여 영원하거라"

너는 일터로 나가고
나는 펜을 잡나니
오늘은 얼마나 고생하고
얼마나 머리가 아플는지

사랑하는 사람아
너 위해 나 시를 쓰려니
우리의 고통스런 삶
조금만 버텨보자

가지 끝에 새순 돋으면
우리는 서로 마음 털고
기뻐하리니
꽃이 피고 새가 노래할 적
우리 사랑노래 불러 보잡구나

제2부

꽃 1

별것도 아닌 것이
나의 맘을 애태웠던가
피고 나면
환한 미소 한번 뿌리고 말 것을…
그리고
지고 나면
내 한해는 다가고 말 것을…

뭐가 그리 애달파서
애간장을 태웠던가
흐르면
바람에 떨어지고 말 것을…
다하면
내년을 기억해야 하는 것을…

꽃 2

눈꽃은 새벽에 깨어나고
매화는 대낮에 깨어나고

눈꽃은 새벽에 아름답고
매화는 대낮에 아름답고

눈꽃은 태양의 키스에 녹고
매화는 꿀벌의 키스에 떨어지고

매화는 눈꽃보다 화려하게 피고
눈꽃은 매화보다 눈물을 더 흘린다

꽃 3

밤 낮 가리지 않고 피는 꽃
내 님을 닮았네
낮 보다 화사하게 피는 밤의 꽃
어둠을 재치고 피는 꽃은
내 님을 닮았네
낮이 수줍어 몰래한 사랑 나누는 꽃
밤엔 정열의 여인되어
나에게만 향기 날리는 꽃
내 님을 닮았네
꽃이 진다고 반항하지 않고
오직 나만을 사랑하는 꽃
내 님을 닮았네

꽃 4

배부른 계절이 왔습니다
비로 몸을 씻고
이제는 꽃을 먹고 삽니다
꽃피는 계절엔
누구라도 가난한 사람이 없고
누구라도 지쳐 쓰러지지 않습니다

꽃이 피었습니다
나도 덩달아 하얀 미소 띄워 봅니다
지친 몸을 안고 오는 당신께
웃음을 선사해 주고 싶습니다

지금은 지금으로 족하고
내일은 내일에 묻습니다
활짝 핀 꽃이 벌 나비 유혹하듯
그렇게 님을 부릅니다.

꽃 5

오랜 기다림 속에서
꽃을 피우듯
나 기다림 속에서
꽃을 피우리라
조용히 비가 내리는 날
너희는 눈물 만들 듯
거센 바람 불어와도
굽히지 않는 나무로 자라리
푸르름이 더해가는 오월에
빨갛게 물들던 네 모습처럼
오늘 하늘이 무너진다 하여도
꽃 한 송이 피우는 내가 되리
친구여 그러면 되는 것이니
눈물 삭혀 빛으로 피어나라

꽃 6

낙화 뒤에 오는 간절함
새 꽃이 피었네
내일을 걱정하지 않으리
이렇게 꽃이 새로 피었으니까

이별 뒤에 오는 바램
이렇듯 꽃이 만발하였네
설령 내일 또 다시 이별이 와도
슬퍼하지 않으리 내년을 기약하기에

이렇듯 푸르름 속에
붉은 꽃 피웠으니 더욱 애정이 간다
세월 따라 피는 꽃에
환희의 박수를 쳐 본다.

꽃 7

해돋이처럼
영산홍 하나가 꽃망울을 터뜨리고 있다
해돋이의 해는 뜨겁지 않고
꽃송이도 뜨겁지 않다
다만 마음의 열기로
우리를 뜨겁게 달군다
모두 다 한해를 시작하는 불
그 앞에서 경건한 자세로 한해를 맞이한다

꽃 8

이 꽃 피고 지면
저 꽃 피고 지고
또다시 다른 꽃이 핀다
돌고 도는 세상 속처럼
꽃들도 돌고 돈다
그 속에서 너와 나는
희비극을 맞본다
영원한 것은 없는 듯하나
내 년에 다시 필 꽃이
연녹색의 잎에 자리를 준다

더듬더듬 꽃이 핀다
더듬더듬 꽃이 진다

꽃 9

봄은 어디서 오는가
메말랐던 가지에 물이 오르고
물오름 끝에
지각을 뚫고 꽃이 피는가

봄은
신비로움 그 자체로니
그것에 쌓여
즐거움을 같이 한다

새로 돋는 꽃은
비바람에도 떨어지지 않느니
나 봄꽃 되어
너를 맞으리라

꽃 10

말이 필요 없는 계절
다만 몸짓으로만 대화하는 계절
너는 피고
나는 다가가 연애하는 계절
꽃과 더불어 뒹구는 계절
한량없이 닥치는 즐거움

오늘도
너에게 가서 입 맞추고
향기를 맡으니
어느 것이 부러우리요

맑은 날에
벌·나비 너를 찾아오고
나 또한 찾으리니
너의 자태
무엇보다 아름답다

꽃 11

사방 천지가 꽃으로 덮여있다
더불어 벌 소리 요란하다
나도 벌이 되어
꽃에게 다가간다

매년 맞이하는 봄꽃
매년 나이을 먹는 나
그래서 그런지
올해의 꽃은
더욱 아름다워 보인다

때가 되어 피는 꽃
때가 되어 세상 속으로 뛰어들 나
너도 화려하지만
나의 미래도 챙챙하다

향기 뿜는 너를 보면서
나는 무슨 향기로 남으리
한 사람이라도
내 향기 맞으면 그것으로 족하리

꽃 12

가장 먼저 핀 꽃
가장 먼저지리
아직은
벌 나비 유혹하고 있다

때가 왔을 때 즐기거라
내일 일은 내일 걱정하고
무르익은 꽃에 눈길 돌리는 거다

딱딱한 가지 뚫고 피어난 꽃
환히 웃으며
박수라도 보내주자

꽃 13

멀리서 구름 되어 나는 유혹하는 너
가까이 가면
구름이 흩어질 까봐
가까이 가지 못하네

다만 멀리에서 향기 맡고
너를 바라본다.

바라보는 곳이 서러워
가까이 가니
뜨거운 불로 나를 대하는 너
향기 맡으니
내 가슴이 홍에 복받친다

언제까지나 함께 하길
언제까지나 시들지 않길
기도하며
돌아서는 길에도 향기는 그윽하여라

꽃 14

맑은 날 가려
벌 유혹하는 너를
사랑하게 되었습니다

봄을 가려
껍질 깨고 환희 웃는 너를
좋아하게 되었습니다

내일을 가려
모두 진다하여도 오늘에 너를
정 하나로 감쌉니다

당신은 나의 모든 것
너를 위해 이 생명 바쳐도
좋겠습니다

향기로 님을 부르고
꽃으로 남는 다기로서니
어느 누가 반겨 안하리오

꽃 15

기뻐하세요
꽃이 피었답니다
겨우내 기다리던 꽃이
우리를 반기네요

슬퍼하지 말아요
밤이 되어도 꽃잎은 시들지 않고
내일을 기약하네요
밤사이 폭풍이 몰아쳐도
새 꽃은 그대로랍니다

축복하세요
새 생명에게 사랑의 메시지를 들고
달려가
먼 길에서 그를 맞아 반기세요
향기로 답하리로다

꽃 16

내 죽으면 한송이 꽃이 되리
제일 먼저 봄을 알리는 꽃이 되리
양지 바른 바위틈새에
나 홀로 나 좋아라 피는 꽃이 되리
오가는 이 나를 보고 웃고 지나가는 꽃이 되리
아리따운 아가씨 나를 꺾어도
웃을 수 있는 꽃이 되리
님이 와 고운 날
나를 보고
반겨하는 날
내 정열 다 바쳐 님에게 주는 꽃이 되리
바람 많이 불어 몸이 흔들거려도
언제나 살포시 피는 꽃이 되리
태양 가득 뿜는 날이면
활짝 피는 꽃이 되리
세월이 흘러 시든다 해도
후회 없는 삶을 살아가는 꽃이 되리

꽃 17

어느 노랫소리가 너 보다 감동적일까
어느 향기가 너 보다 찐할까
나의 벗
나의 애인
나의 모든 것
너는 그렇게 내게로 왔다
아름다운 꽃이여

기다리고 기다리던 너
어느덧 풍성하게 핀 너
너를 보며 인생에 젖고
너를 보며 즐거움 갖고
너를 보며 웃음 띄우고
한 많은 인생 달래며 왔다
아름다운 꽃이여

꽃 18

내 마음에 한계를 느낍니다
이 꽃 저 꽃
마음에 품지를 못할 만큼
마음이 여려졌습니다

다 담고 싶습니다
감탄으로 끝나지 않고
하나하나 기다리는 만큼
마음에 심고 싶습니다

눈물겹도록 기다리던 꽃
마음 가득 품었던 꽃
이제 모든 것을 얻었으니
남은 것은 기쁨뿐입니다

여인이 떠나듯
너도 떠나지만
정으로 추억으로 남은 꽃
후회 없이 너를 보냅니다

꽃 19

문을 닫아도
들려오는 노랫소리처럼
생각만 하여도
아름다운 꽃의 자태
마음에 파고드네

내일 일은 내일 접고
지금의 화려한 꽃만
가득하세나

이산 저산 꽃이 피듯
이곳 저곳 꽃이 피듯
우리 사랑 더욱 더
꽃을 피우세

갈 때를 생각지 마세
지금 찾아 왔으니
함께 놀고
함께 즐거워나 하세

꽃 20

꽃들의 아우성
향기 뿜으며
어서 오라 손짓하는
꽃의 절규

그 속에 파묻혀
놀을 양이면
어느새 나는 꽃이 된다

애인과 손잡고
꽃을 찾고
향기 맞고
사랑을 나누며
걷는 길은 꽃으로 가득찬다

어느 꽃이
봄꽃과 견주리오
기다림 속에 맞는 꽃이라서 일까
더욱 애정이 간다

제3부

꽃 사랑탑 1

차근차근
한걸음 한걸음 걷다 보면
꽃 사랑탑이 완성되지요

급할 것도
서두를 것도 없이 가다보면
꽃 사랑탑 이루어지겠지요

오늘도
아침에 일어나 하루 계획을 짭니다
지루한 하루 같아도
저녁이 되면 언제 지루하였나 하며
하루를 마감합니다

하루하루 탑을 쌓는 마음으로
매일 매일 살아갑니다

꽃 사랑탑 2

아름다운 꽃이었습니다
사랑의 줄기타고
공든 탑을 세웠습니다
그 공든 탑 무너지지 말길
꽃 사랑탑 쓰고 울부짖어 봅니다
나만이 간직한 꽃 사랑탑
이제는 모든 이에게 씌워
환한 세상 만들길 기원합니다

매화꽃 향기 풍기는 바람결에서 웃어 봅니다

사랑 1

미움도 모르고 살았습니다
평생의 연으로 알고 살았습니다
당신의 화난 얼굴에서도
소망으로 채웠습니다
때로는 떨어지는 꽃잎이 되어도
울지 않으려 애를 썼습니다
서로의 눈빛만 봐도
무엇이 중한지 알 수 있었습니다
그대가 원하는 거 해 주며 살았습니다
오늘 울어도 내일의 웃음이 있었기에
지금 아픔도 감당하며 살았습니다
우리는 서로 늙어 갑니다
그러나 사랑만큼은 누구보다 강합니다
바람 뒤에 흩어진 구름
바람이 지난 뒤 다시 뭉쳐지며 살았습니다
거친 손이 애처로워 눈물 흘립니다
주름진 얼굴이 안쓰러워 눈물 흘립니다
흐르는 눈물이 안타까워 눈물 흘립니다
서로 서로 상생하며 살아야겠습니다

사랑 2

볕받이고 잎이 풍성하듯
사랑 얻어 마음이 넉넉하네요

잎은 산소를 뿜어 신선하게 하고
사랑은 나에게 용기를 주네요

오늘도 사랑은 내게와 안기며
한없는 기쁨으로 나를 인도한다

사랑에게 몹쓸 말을 하여도
언제나 잎처럼 나를 감싼다

어찌 만들어진 사랑탑인가
어찌 피워낸 잎인가

말로 표현 못할 사랑 앞에
고개를 떨군다

사랑 3

사랑 받기 싫은 사람 어디 있으랴
알면서도 받고
모르면서 받는 것이 사랑이노니
우리는 모두 사랑 속에서 사는 게 아닌가

주기만 하는 사랑 앞에
어느 누가 거절하리오만은
애인이 있는 나에게
또 다른 사랑은 받지 않으리

그러나
또 다른 여인을 벗으로 칭하며
슬픈 사랑을 엮어가네
이러면 안 되는 줄 알면서도

사랑 4

풀지 못할 인연이
가시 없는 장미로 다가온다
벗이라 하지만
가라앉은 내 맘을 흩으려 놓았다

그러나 이제는 잊지 못할 여인이 되어
내 맘 한구석에 자리를 잡았다
마치 벌이 집에 든 것처럼

사랑이라 말하지 못하는 마음
그 여인도 그렇게 될 줄 알면서
내 마음을 받아 주었는지…

지금서 이렇듯 후회 되는 건
사랑하는 애인이 마음아파서일까
조금만 사랑하다
예쁜 벗으로 남아야 하리

사랑 5

우리 사랑은 시대를 따라잡지 못한다
다만 하나의 깊은 사랑만이 자리한다
서로 미워할 줄 모르는 사랑
그것으로 우리 사랑은 끝이다

사철 다가오는 계절에
웃고 울고 따라감이 끝이다
그 속에서 사랑을 나눈다

시대를 못 따라가는 게 자랑은 아녀도
우리의 정은 컴퓨터 속에 파묻히기 싫어
옛적으로 뒤돌아가는 것이다
그 속에는 순수한 사랑이 있기 때문이니라.

우리 사랑은 뒤쳐지지만
우리 사랑은 깊어만 간다
우리 사랑은 놀림감이 되어도
우리 사랑은 새롭게 태어난다.

사랑 6

무더위 속에서
파란 빛으로 오는 그대여
파란 빛이 사그라지면
그때 우리 미련 없이
이 세상에 하직인사 드리자

아름다운 세상에
아름답게 살다가
진정코 사랑했노라 하고
떠나가자꾸나

아직은 청춘
좀 더 사랑의 빛으로 남다가
잎이 지며는
아쉬움 없이 잎을 보내자

내세에서 또 만나면
이생에 못 다한 사랑
다시 엮어 보자꾸나

사랑 7

우리 사랑 뜨거울 때는
어찌 비를 생각 했으리요
지금 비 내리니
사랑은 식고
내일을 기약한다

내일이면 다시 뜨거워 질 사랑
지금의 근심은
내일의 사랑으로 이루어지리
바람 불고 구름이 몰려와도
변치 않는 사랑으로
내일을 기대한다.

열심히 일하는 너를 그리며
조금이나마 너에게 주고 싶은 건 사랑
사랑으로 뭉쳐졌기에
우리는 언제나 하나다

사랑 8

내 사랑하는 님은
언제나 나 밖에 모르고
오직 나에게만 향기를 풍긴다

나 또한 너 밖에 모르고
사랑에 맘은
그대에게만 간다

살다가 피곤하여
벗하나 사귐을
애인에게 허락 받고 지낸다

애인보다 더 사랑해선 안 될
여인이 다가선다
아름다운 벗이 되어야 되리

사랑 9

얼마나 더 예뻐져야만
가을 햇살처럼
맑아지리오

얼마나 더 그리워야만
가을 이슬처럼
영롱하리오

우리 사랑 한없이 깊고
너의 작은 터럭조차
귀여워하느니

얼마나 더 아름다워야만
가을 하늘처럼
높으리오

사랑 10

티검불 쓸어내리듯
우리 사랑 때 묻지 않게
쓸어내린다오

언제나 맑은 하늘
구름이 끼면 바람으로 지우고
푸른 하늘만 간직한다오

언제 어디까지란 말
우리에겐 어색하니
고운사랑 평생 같이하리라

죽음이 우리를 갈라놓을 수 없고
일가친지들도 우리 사랑을
떼 놓지 못하리라 맹세하며 살았습니다

우리의 꽃은 언제나 맑기에
조경할 수 없으니
거저 바라보며 즐거워하리다

사랑 11

진정으로 사랑한 것도 당신이 처음이오
몸을 허락한 것도 당신이 처음이랍니다
20년을 사귀면서
그런 말이 통할까요
우리는 서로 사랑한 것을

젊은 날의 젖가슴은 아니어도
젊은 날의 정력은 아니어도
우리 서로 사랑하였음에 후회는 없어라

남이 보면 부럽고
또 다른 이가 보면 불쌍하다고 할지 몰라도
조그만 집에서
우리사랑 하늘에 보답하나니
후회는 없어라

아름다운 탑 하나 세워
세인들의 귀감이 되게 하고
이 세상 이별 하는 날
무덤 속에서 같이 웃을 수만 있다면
내 인생 헛되지 않으리

사랑 12

잎이 무성하면
숲은 어두워지는가
사랑이 깊으면
우리는 밤을 좋아하는가

어두워진 숲 속엔
시원함을 갈구하는가
어두워진 곳에서
사랑은 이루어지는가

어두워진 때에
한숨 자는 뭇 벌레들처럼
어두워진 때에
사랑을 나눈다

사랑 13

고운 소리 내는 새는
볼품이 없고
향이 짙은 꽃은
열매가 맛이 없다네

설치지 않는 우리
사랑이 깊고
떠들어 대는 연인
사랑이 얕네

청춘은 고개를
들고
노년은 고개를
숙이나니
중년인 우리
앞길을 보듬는다

사랑 14

너는 나의 아내
나는 너의 남편
이렇게 부부가 됐다는 게
얼마가 신기한 일인가

너는 나에게 마음 주고
나는 너에게 마음 주는
이런 우리 두 사이
얼마나 고귀한가

바람 불면 바람 막아주고
비가 오면 비 막아주는
우리 두 사이에
어떤 사랑 끼어들리오.

평생을 같이 하리오
평생을 너를 위해 살리오
하늘 아래 둘도 없는 사랑아

사랑 15

사랑이 깊고 깊으면 맑은 질투가 생기나 봐요
마치 우물물이 깊으면 맑은 물이 나오는 것처럼
우리 사랑 우물을 닮아
깨끗한 질투가 생긴다
시기함 없이
질투심도 갖지 말게
하느님 전에 기도드려도
내 사랑은 나를 사랑하면서도
다른 일을 빗대어 나를 슬프게 한다
내 너만의 깊이만큼 너를 사랑하리
그러면 내 사랑 내 곁에 남으리

사랑 16

조용히 살라하네
마치 단풍으로 치닫는 잎처럼

모든 것 버리라 하네
마치 떨어지는 잎처럼

그리고 남는 것은 순수한 사랑
더 이상 매달리지 말고 살라 하네

오늘 아침도 어제 아침도 내일 아침에도
똑같은 우리의 사랑
품 속 가득 안고 걸어가라 하네

사랑 17

그대 떠나는 날에
눈이 무릎까지 덮어
그대 떠나게 하지 마시고

그대가 오시는 날에
억수 장맛비 내리어
그대 돌아오게 하소서

그대 다시 돌아온 날엔
그대 반겨 맞으리니
내 생명 다할 때까지
그대 사랑 하오리다

그대 날 버린 날엔
찬바람 불어
그대 내 곁에 머물게 하여 주소서

사랑 18

너는 하루 종일같이 있어도
지겹지 않은 것은
사랑하기 때문이노니
헤어짐이 없는 우리 사이
언제나 함께 있으리
빈 것 같은 우리 사랑
큰 그릇에 너와 나 사랑담아
한평생 같이 하리라

제4부

사랑하였기에 1

내 그대를 사랑하였기에
그대 생각만 하면은
가슴이 뛰누나

예전에도 그랬고
지금에도 그러하거니
그대에게 마음 준 것이
서러워 지금도 우니노라

우리 서로 종내 잊지 못하더라도
내세에서라도 만나
왜 그냥 소리 없이
사라졌는지 묻지는 말자

나의 길이 워낙 커서
그대를 감싸지 못한 것이니
다음에 어느 별에서 만나
이생에서 갖지 못했던 사랑 키우세

사랑하였기에 2

나 그대에게 마음 모두 주었기에
후회는 없어라
서러움이야 조금 있지만
끝내 사랑하였기에 아픔은 없어라

우리 서로 얼굴 대한 적 없어도
우리 서로 약속한 적 없어도
너 떠난 빈자리 너무 커
울음으로 답하던 그 시절

진정 그대를 사랑하였기에
이별의 슬픔도 없어라
다만
서로를 알지 못하고
헤어짐이 아쉬워 지금도 우옵네다

그러나
아쉬움을 갖지 않으리
내 생애 마음을 전부 준 이는
너 하나뿐이니까

사랑이다

가벼운 것 네가 갖고
무거운 것 내가 갖는 것이 사랑하다
맛있는 것 네가 먹고
맛없는 것 내가 먹는 것이 사랑이다
첫 번째가 네가 되고
두 번째가 내가 되는 것이 사랑이다
보기 좋은 것 네가 품고
보기 나쁜 것 내가 품는 것이 사랑이다
위에 있는 것 네가 있고
낮은 것 내가 있는 것이 사랑이다
깨끗한 것 네가 덮고
더러운 것 내가 덮는 것이 사랑이다
아름다운 것 네가 얻고
추한 것 내가 얻는 것이 사랑이다

이 세상 모든 것 네게 주고
나머지는 내가 갖으려니
그대여 내 품에 기대어
편히 잠드소서
사랑으로 감싸주리다

맑은 것 네가 느끼고

탁한 것 내가 느끼는 것이 사랑이다
편한 것 네가 걷고
힘든 것 내가 걷는 것이 사랑이다
큰소리는 네가 치고
낮은 소리는 내가 치는 것이 사랑이다
생생한 것 네가 달리고
아픈 것 내가 달리는 것이 사랑이다
단단한 것은 네가 쌓고
약한 것은 내가 쌓는 것이 사랑이다
투명한 것은 네가 보고
막힌 것은 내가 보는 것이 사랑이다
웃는 것은 네가 띄고
우는 것은 내가 띄는 것이 사랑이다
열린 것은 네 음악이고
닫힌 것은 내 음악이 되는 것이 사랑하다
마른자리 네가 앉고
진자리 내가 앉는 것이 사랑이다
고운 소리 네가 내고
탁한 소리 내가 내는 것이 사랑이다
좋은 생각 네가 그리고
나쁜 생각 내가 그리는 것이 사랑이다
부드러운 것 네가 갖고

딱딱한 것 내가 갖는 것이 사랑하다
기쁜 것 네가 챙기고
슬픈 것 내가 챙기는 것이 사랑이다
흰 것 너의 색이 되고
검은 것 나의 색이 되는 것이 사랑이다
쉬운 것 네가 잡고
힘든 것 내가 잡는 것이 사랑이다

꽃샘추위 1

오늘은 내 발걸음이 무겁다
사소한 일로
작별의 인사 없이
너를 일터로 보낸
내가 미워서…

만나면
언제 그랬냐는 듯이
가까워질 사이
그래도
지금은 마음이 무겁다

지는 꽃잎도 아닌 것이
봄날 바람에 휩쓸려
떠도는 낙엽도 아닌 것이
괜히
우리를 떨게 만드노니
우리의 사랑은 우리가 지키노니
꽃샘추위 같은 건 잊은 지 오래이어라

꽃샘추위 2

아무리 추워도
꽃의 성은 무너지지 않으리

꽃을 떨구는 것은
다만 세월에 달린 것
지나가는 세월만이
내 아씨를 잡아가는 것

오늘도
찬바람이 스치지만
꽃은 여전히 향기를 뿜는다
꽃은 여전히 나를 반긴다

흔적

이 꽃이 지니
저 꽃이 피고
다툼 없이 피는 봄의 향연

나도 시드니
네가 청춘 구가하고
보내고 맞이하는 삶의 행연

이 꽃이 필적에
얼마나 많은 벌이 오갔으리
내가 시드니
가까이 있던 친구 모두 떠나갔다

그래도
지는 꽃잎에
시드는 청춘에 박수라도 쳐주고 싶은 맘
그래야 꽃의 흔적과
내가 산 흔적이 남아있으리

행복 1

가을이면 무작정 사랑노래 부르는
귀뚜라미처럼
사랑을 주었답니다
내일을 모르는 귀뚜라미
우리도 내일을 모르고 사랑하였습니다

최후의 날이 닥쳐도
목숨 바쳐 노래하는 귀뚜리가 되고 싶습니다
내일이 끝이 아닌 줄 알기에
잠깐 허무가 쌓이다
다시 이룩할 우리
눈물은 잠시 뿐임을 알기에
오늘 행복합니다

왔을 때 귀 기울이고
살아 있을 때 너와 벗하며
그리움이 찾아온 날
울지 않게 오늘 너와 함께 하겠습니다

행복 2

꽃피는 춘삼월엔
친구가 없어도 좋아라
꽃이 친구 되어
나를 감싸기 때문이어라

나 나비되어
너에게로 가 친구 되리라
외롭지 않는 계절이 찾아 왔으니
흥겨워 노래 부르리

언젠가 사그라질 줄 알면서도
지금만큼은
누구 부럽지 않게
행복 하여라
누구 부럽지 않게
다복 하여라

고개를 숙이면

고개를 숙이면
하얗게 핀 꽃이
고개를 들면
보이지 않는 꽃처럼

고개를 숙이면
보이지 않던 꽃이
고개를 들면
하얗게 핀 꽃처럼

서운한 듯

서운한 듯 그러나 약간 서운한 듯
과한 듯 그러나 약간 과한 듯이
그렇게 사오시게나

미련이 남은 듯 그러나 약간 미련이 남은 듯
후회한 듯 그러나 약간 후회한 듯이
그렇게 사오시게나

세상사 서로 어려울 땐
약간만 어려웁게 사오시게나

그리울 땐 약간 그리웁게
눈물 날 땐 약간 눈물 날 듯이
그렇게 사오시게나

낙화 1

날은 흐리고
꽃잎이 한 잎 두 잎 떨어집니다
벌은 찾아오지 않고
다만 향기로 님을 부릅니다

세월은 오고 가는 것
그 속에서 꽃은 지고
둘이 걷던 길 추억으로 남기고

맑은 날이 오길 기도합니다
잎이 떨어져도 좋으니…
벌 나비 날아들고
내 발걸음 가볍게 디디며
너에게로 가려니…

낙화 2

님은 떠나갑니다
그렇게 고대하던 님이
웃음 몇 번 던지더니
바람에 실려 떠나갑니다
이렇게 될 줄
미리 알고 있었지만
님은 뒤돌아보지 않고 떠나갑니다
다른 님에 정들라 하며
하염없이 떠나갑니다
나 잡을 수 없어
눈을 흘리며
다른 님을 찾아 헤매지만
먼저 간 님의 자취에
정신을 놓을 수가 없습니다
어찌 그리 이별이 쉬운지
애석하게도 님은 떠나갑니다

낙화 3

한 꽃잎이 눈물이라면
얼마나 더 눈물을 흘려야
눈물이 마를 것인가

눈물바다 땅에 새겨놓고
저 몰라라 눈물 흘리네

정주지 않으려 애를 썼건만
내 정을 잡아먹고
이제는 눈물 흘리느뇨

네 눈물 밟고 돌아오는 길은
한숨이 복받쳐 흐르네

님이여

기다려도 기다려도
아니 오시는 님이여
나 꽃이 되어
님 부르지만 님은 오시질 않네요
몇 번을 피었다 지었는지
알 수도 없을 만큼 긴 세월
님 하나만 믿고
올 봄에도 꽃을 피워 보지만
영영 나를 떠나셨는지 오지 않는 님이여
그대가 주신 꽃반지
매만지다 헐거워지었는데
그대는 오지 않고
애간장만 태우는구려
이제 꿈을 접고 내게로 와 주세요
나 그대 위에 꽃 바치리니
그대여 손에 진흙 묻히고 와도 좋으니
어서 빨리 오소서

순리

저 비둘기 구구거리며
님도 잘 부르는데
저 소쩍새 소쩍소쩍 거침없이
님도 잘 부르는데
저 참새떼 제짝 찾아
님도 잘 부르는데
나는 말을 더듬고 사랑한단 한마디
님에게 전하지 못하네

저 꽃은 서로 교태 겨워
아름답게 피었는데
저 꽃은 지는 줄 알고
아름답게 지는데
저 꽃은 다른 꽃에 자리 양보하며
아름답게 바람을 타는데
나는 순리 역행하며
말을 더듬는다

홍시

나에게만 허락한 아내의 모든 것
나 또한 아내에게 나의 모든 것을 받치오리다
소소한 일에 눈물 흘리는 아내를
다독거리지 못한 내가 미워집니다
대인 대법으로 아내를 사랑해야 하겠습니다
푸르른 잎치첨 아내에게 산소를 주어야겠습니다
오늘도 힘든 일터에 가면서
콧노래로 나를 위로해 주는 아내
그 아내가 있기에 지금 내가 서있습니다
부디 바람에 흔들리지 말고
부디 믿음에 사랑 잃지 않길 조용히 기도합니다
그렇게 말하지요 홍시가 되었을 때
당신의 아량으로 이루어 졌다고

인생길

어떻게 여기까지 왔는지
멋있게 설명할 수 없지만
신의 보살핌으로 세상의 한 곳인
정신장애인 시설에 온 것만은 틀림없는 사실이다
지금의 아내 또한 이곳에서 만났으니
서로 모자란 것 덮어주고
알콩달콩 살고 있다
내 미래는 밝다
신의 이름으로 써 먹는 나의 인생
생이 다하는 그날까지 신의 부름에 기꺼이 따르리라
그리하여 길을 잃고 방황하는 후손들에게
인생의 길잡이가 되어야 하리
뻐꾸기가 마을까지 내려와 노래한다
뻐꾸기 모양 님을 부르고 님을 만난 것을
하늘에 기쁨으로 돌리고 싶다

숙명 1

시냇물이 강물에 닿듯
봄에서 여름으로 치닫는다
미지의 세계인 바다로 흘러가는 강물처럼
잎의 나래짓은 한 없이 넓어만 간다
우리 사랑도 깊어만 간다
어쩔 수 없는 계절처럼
우리의 삶도 떠밀려 내일을 맞는다
어찌 할 수 없는 숙명 앞에
강으로 흐르고 바다에 닿는다

숙명 2

깊이 있게 사귀세
서로의 속내 다 들어내고
비밀 없이 사귀세

나 너에게 모두 주고
너 나밖에 없다고 말하느니
이생에서 못 다 준정
내세에서라도 풀자고 약속한 만큼 사귀세

봄이면 손잡고 꽃과 얘기하고
가을이면 낙엽 밟으며
고단한 여정 서로 의지하며
한세상 지내세

너를 만난 건 숙명이라 말할 정도로 사귀세
저 세상으로 갈 때
눈물 펑펑 쏟을 그런 사랑으로 만나세

우리 만남은 어렵게 만났기에
정이 더 가고
우리 만남은 운명이었기에
헤어질 수 없어라

가지치기

모난 것은 모두 잘라버린다
앞이 잘 보이라고

나한테 일어난 가지
모두 잘라버리고
지금의 여인은 사랑의 결정체

모두 모두 잘라 버리리
그 뿌리까지 잘라 버리려 하나
지독히 맺힌 가지는
쉬 잘라지지 않는다

사랑의 덤으로 간직하고
한 세상 이끌며
가지치기 또 시작한다

꽃그늘 아래서

꽃그늘 아래서
앉아 그림자 본다
검은 그림자 사이로
벌들이 오가고
벌들의 비행소리만 요란하다
향기는 내안에 들어와
황홀케 한다
꽃그늘 아래서
향기 따라 가버린 옛 님을 생각한다

제5부

천심天心

대가성 없는 봉사
자기 것을 털어 봉사하는 꽃
나도 꽃이 되고 싶어라
봉사를 하여도
봉사인지 모르게 하는 봉사
기쁘게 하는 봉사
꽃의 봉사

왜 그런지
향기 뿜는 꽃이 되고 싶은 건
나에 천형天刑이런가
그러면서 모든 이 편하게 할 수 있는 건
사랑 때문이리라

조그만 한 것에 즐거움 품고
조그만 한 일에 기쁨을 갖는 건
인간의 마음 이런가
천심天心이런가

복 주머니

겨울나무처럼
가진 것 없어도
마음이 풍성한 내가
찬바람 불어
가녀리게 떠는 겨울나무처럼
없는 것이 서럽다

오늘도 어김없이 달려온 너
사랑하나 잡은 게
얼마나 큰일이냐

너 때문에 자살을 아끼고
천명을 이룬 내가
이제는 떠나야 하는데
너 때문에 이 세상 등질 수 없어
오늘 하루 또 사옵네다

너는 나의 복주머니
나는 너의 사랑꾼
그렇게 살아 가옵시다
평생을 같이 살으옵시다

이런 사랑이 또 어디에 있을까

맛있는 것 나주고
맛없는 것 자기가 먹고
깨끗한 일 나주고
궂은 일 자기가 하고
이런 사랑이 또 어디에 있을까

내가 기다리게 안하고
얌전한 아이가
나만 보면 갖은 애교 다 떨고
언제나 봄바람 같은 너
이런 사랑이 또 어디에 있을까

언제나 내 걱정에
눈물 마를 날 없고
추우면 내 손 녹여주고
더운 날엔 그늘이 되어주고
이런 사랑이 또 어디에 있을까

그대 사랑하는 건

그대 사랑하는 건
하늘에 구름 떠가기
태양에 녹는 눈꽃
새로이 핀 봄 꽃
아무런 가치가 없다지만
그대가 좋아하는 것이라면
모든 걸 그대에게 바치겠습니다

그대 사랑하는 건
해변에 글귀
산자락의 안개
서산의 노을
쉬 무너지는 마음이라도
그대를 위해서라면
남김없이 그대에게 주겠습니다

그대 사랑하는 건
미루나무 꼭대기에서 노래하는 매미
조약돌을 쓸며 지나는 개울물
철 지나도 서있는 허수아비
사랑할수록 깊은 정이 되살아나는
너와나의 사랑이라면
온몸 바쳐 그대를 사랑하겠습니다

생각

생각대로 이루어지노니
슬픈 생각일랑 품지마세

죽음을 생각 한다든가
이별을 생각 한다든가
싸움을 생각 한다든가
이런 생각은 죽어도 생각 말아야한다

차라리
봄에 꽃이 피면 사랑이 이루어지리라
산사에서 정든 님과 곡차를 기울이리라
저녁노을 끼고 춤추는 갈대가 되리라
이런 생각 속에 하루를 보내야 하리라

생각대로 만들어 지노니
올 봄엔 애인과 더불어 꽃길을 걸으리라

동반자

나의 외로움
당신이 있어 외롭지 않습니다
겨울 나뭇가지
바람처럼 다가오는 당신으로 인해
춥지가 않습니다

먼 후일
너와나 서로 동반자 되어
쓸쓸한 날 서로 견디었다고 말하렵니다

세상에 하나뿐인 그대
그대 있어 행복했노라
무덤 속에서 외치렵니다

나만 좋아해서 큰일 났다고 하는 그대
나 또한 이제는 너 하나만 바라보며
남은 인생 고이 그대를 위해 바치오리다

옛 사랑

사랑한단 그 말
마음에 품고 떠나간 여인
너도 나처럼
어느 곳에서 다른 이와
잘 살겠지

평생 마음에만 품어서
서러운 그대여
이렇다 할 얘깃거리 남기지 못하고
헤어졌기에 마음은 더욱 무거운데…

그 이름 석 자는
내 생이 다하는 그날까지 남으리니
그러면 되는 것
그때 그날 친구로 남자던 너의 그 말이
아직도 내 귀에 쟁쟁하다

부디 어디서든지 간에
내 사랑 그대여
행복하게 잘 살아주고
내 이름도 잊으며 살길 바란다오

소원

봄이 오면 꽃이 피듯
우리의 봄도 오길 바랍니다
아무리 추워도 봄이 오듯
시련을 딛고 일어서야합니다
이별은 생각도 못 합니다
우리의 사랑이 깊기 때문입니다
나만을 사랑하고
나만을 생각하는 애인이기에
나또한 그러기에
일이 풀리지 않는다고
모든 것을 뒤 돌릴 수 없기 때문입니다
애끓는 맘 바람에 실려 보냅니다
언젠가는 이루어질 사랑이기 때문입니다
맘 애타지 말고 꽃이 피듯
그날을 고대 합니다

세월

날이 찌뿌둥하고 비가 내리려한다
그래도 우리사랑 변함없어라
봄을 타고 더욱 사랑이 깊어라

비라도 내려
겨우내 찌든 때를 벗겨주었으면
봄 비 맞고 새순을 틔우길 바란다

더 이상 늙지 말라는 애인의 말
세월을 어찌 막으리
봄은 벌써 온 것을

나도 세월을 타고
너도 세월을 타는
세월에 맡겨진 몸
어찌 세월을 막으리오
세월 따라 중후한 맛도 좋지 아니 한가

기다림

꽃을 기다리듯이
괜한 걱정 하고 있네
오면 오는 거고
가면 가는 것을
안달한들 풀어지나

까치가 운다고 님이 찾아오나
오든 말든
애태운들 아니 오실님이 오시는가
오실님이 아니 오시나

일이 바빠 피지 않는 꽃
기다린들 피우리까
때가 되어야 피는 꽃처럼
기다리세
마음 넉넉히 품고
정든 님 기다려 보세

멀어져간 여인

젊은 날의 광란으로
하나 둘 멀어져간 여인
이제 얼매 맺혀
그 여인들을 생각 한다
못내 떨치지 못하는 그리움
뼈에 새기고
지금의 여인 손잡고
세상사 읊어본다

어디선가 나를 못 잊어
가끔은 생각할 여인들
그대들이 있기에
내가 있음이니
서럽더라도 지금에 산다

그리움

낙엽 된 늙은 부부
서러워 할 일도 아니다
우리도 언젠간 낙엽이 되리니
조금 젊었을 때
진솔한 사랑을 나누자

때가되면
언젠가는
우리 모두 낙엽이 되리니
그 뒤에
일은 하늘에 맡기고
오늘 하루 충실하게 살자

낙엽이 되어서도
중후한 멋 간직하게
마음을 비우고 비우며
텅 빈 마음에 그리움 하나 키우며
그리움 쫓아 생을 다해보자

너에게

가까이에 두면
사랑의 깊이는 더해지지만
짜릿한 사랑은 덜해 지는 가

볼 것 다보고 난 뒤
성욕이 약해지듯이
겨울의 날처럼
식어버린 너와나

그래서
딴 여인에게서
풋풋한 정을 느끼나보다

언제나
명랑하게 다가오는 너에게
진저리치도록 사랑이 익지 않음은
같은 이부자리에서 잔다는 것 때문인가

정이 있기에 살고
그래도 남은 사랑이 있기에
함께 할 수 있는 것
오늘도 봄 풀 보듯 너를 반기리라

그 사람

그 사람 풍기는 멋이 아름다워
주위를 돌다
멀어져간 사람
그 사람 이름은 내 뼈 속 깊이
남아 있는데
그 사람 지금쯤 좋은 이 만나
잘 살겠지

추억은 남고 사랑은 가고
그 사랑 못 잊어 때론 그대 이름 부르지만
그대는 먼 곳에 계시기
서운해 마음 접습니다

우연히 길에서 마주쳐도
알아보지 못하고 스쳐갈 여인
그 사람 얼굴은 잊었어도
그 사람 이름은 고대로 남아있네

하얀 미소

너의 슬픔 내 갖으려니
모든 근심 나에게 주거라
너는 인제나 맑은 미소가
담겨 있길 바라노니
모든 수심 나에게 주거라
그 수심 받아 내 슬퍼도
너에겐 터럭하나 남김없이
깨끗이 살길 바라노니
내 업보 모두 채워
네가 기뻐한다면 그것으로 만족 하리

꽃들과 더불어 웃는 너의 모습을 보았네
이제는 꽃과 같이 환한 미소 띄우며
나에게 오라
먼발치에서 기쁨으로 맞으리니
모든 슬픔 지나는 바람에 씻어 날리고
하얀 미소로 나에게 오라
너를 맞아 끝없는 포옹하리라

구름과 바람

구름 모아서
볕에서 일하는 내님
머리위에 앉아
님의 이마에
땀을 씻기어 주어라

바람 불어서
더위에 시달리는 내님
잠시라도 쉬게
바람아 님 곁에
머물러 다오

여름이면 여름대로
겨울이면 겨울대로
님의 얼굴 생기 차게
구름아 바람아
피었다 지려무나

그때 그 시절

많고 많았던 여인 중에
지금 사는 여인은
나만의 꽃

나만의 꽃이 서운해 할까봐
옛 여인을 지우려하네

때론 길을 걷다가
옛 여인을 만나면
어찌 하리오
악수나 하지
울어나 보지

그때 그 시절
좀 더 성숙하지 못한 걸 후회하며
한숨지으며 돌아서야지

삶 1

삶이 꿈틀 거린다
너와나 살기위하여
맨발로 세상에 뛰어 든다
마치
폭포위로 뛰어오르는 연어처럼

내일에 꽃을 피우기 위해
잘려 나가는 나뭇가지
서러워도 울지 않는 나무되리

이 인연
저 인연
품에 안고 사는 게 얼마나 어려운지
그대는 모르리

오늘도 사랑하나 만나
사랑노래 부르는 것으로 만족하고
내일의 꽃을 피우길 기대 한다

삶 2

사랑하였음으로
모든 것 감수하고 살아간다
너 하나만을 진정으로 사랑하였음으로
우리의 삶은 복으로 가득 찬 것이다

사랑에는 말이 필요 없는 것
서로 마음이 통하고
서로의 가슴을 부비며
사는 것이 우리의 일이다

언제는 누나 같고
언제는 누이 같은 너의 마음에
살며시 들어가
한세상 서로 사랑하며 사는 것이 우리의 일이다

언젠가는 말없이
하루하루 살아가는 것이 너와 나의 삶이고
먼 후일 얘기 않고
지금의 사랑에 만족하는 것이 우리의 삶이다

생이 다하고 이별이 오면
내세에서 다시 만나 못 다한 사랑 이루는 것이
우리의 마지막 소원이다

삶 3

꽃이 피듯
인생은 허무가 아니기에 산다
돌고 도는 세상에서
낙오자가 되지 않으려 노력해야 한다
인생은 한 낮 꿈이 아니기에
일어서서 걸어가야 한다
누구는 천국을
누구는 축생을
누구는 윤회를 뇌아리지만
현재의 삶이 데려다주나니
내일의 삶이 오늘보다 낫게 생활 하는 게 우리의 꿈이다
꿈을 간직한 이여
명심 또 명심하거라
우리의 꿈은 언젠가는 이루어지리라는 것을
피고지고 지고 피는 꽃처럼
우리 인생도 또한 피고 지려니
무엇이 아쉬워 한 숨 쉬리오
우리에겐 내일이 있고 꿈이 있는 것을…
내일과 꿈을 찾아서 오늘 허무하여도
웃음 잃지 않으며 사는 게 우리네 인생이다

화복

조그만 어려움 없이
어찌 즐거움을 찾으리오

꽃이 만인에게 즐거움 주려고
봄부터 애를 썼나니
그 노고에 감사할 따름이노라

사랑이 익으려고
서로가 조그만 다툼이 있었나니
다툼 뒤에는 정이 북돋는 것이라

모든 것이 어려움 뒤에
즐거움이 찾아오나니
어렵다고 한탄해 무엇 하리오

비가 내린다

무더위 식히려
비가 내린다
잎이 부딪히는 소리 내며
바람이 분다
우리의 열정적인 사랑이 잠시
쉬고 있다

이 비가 그치면
잎은 더욱 푸르러 갈 것이고
우리의 사랑도 여름을 맞으리라

인생은 미완성일 때 아름답듯이
미완성인 잎에 비가내리니
생기를 얻는 것이로다

우리 비가 내리어 잠시 쉬어 가듯
정열의 밤을 잠시 잠재우고
내일을 향해 비바람을 맞이하자

오재길 시집

꽃 사랑탑 Ⅲ

초판 인쇄 2025년 6월 10일
초판 발행 2025년 6월 15일

지은이　오재길
펴낸이　강신용
펴낸곳　문경출판사
주　소　34623 대전광역시 동구 태전로 70-9 (삼성동)
전　화　(042) 221-9668~9, 254-9668
팩　스　(042) 256-6096
E-mail　mun9668@hanmail.net
등록번호　제 사 113

ⓒ 오재길, 2025

ISBN 978-89-7846-872-5　03810

값 12,000원

＊무단 복제 복사를 금함
＊잘못된 책은 교환해드립니다.
＊이 책은 ∧∧/ 한국예술인복지재단 에서 지원하는
'예술활동준비금지원사업'에 선정되어 발간하였습니다.